Räuberpistole

Erstauflage
November 2012

© *Pelle Lotterby*

Herstellung und Verlag
BoD - Books on Demand, Norderstedt

Buchblock und Coverfoto
Pelle Lotterby

Redigiert wurde, in Ermangelung eines Lektors,
nach bestem Wissen und Gewissen.

Fast alle Begebenheiten und
Personen sind frei erfunden.

ISBN 978-3-848-20359-8

Bibliografische Informationen
der Deutschen Nationalbibliothek:

Die Deutsche Nationalbibliothek verzeichnet diese
Publikation in der Deutschen Nationalbibliografie.

Detaillierte bibliografische Daten sind im
Internet über http://dnb.d-nb.de abrufbar.

Pelle Lotterby wurde fast zwei Monate zu früh im Dezember 1970 in Bremen geboren. Nach einer fröhlichen Kindheit und einer weitestgehend unauffälligen Jugend fiel er sowohl dem Lotterleben als auch den schönen Künsten anheim. Er studierte Germanistik, tatsächlich mit Abschluss, und verdingte sich im Anschluss daran als Buchhändlergehilfe in einer bekannten Ladenkette. Um die Pfade seiner Eskapaden endgültig zu verlassen und angespornt durch Lust, Liebe und den schnöden Mammon, zog er Hals über Nacht nach München und ließ sein altes Leben vollständig hinter sich zurück. Dort holte er eine bodenständige Ausbildung zum Verlagskaufmann nach, wurzelte anschließend im öffentlichen Dienst und verkauft seitdem leidlich zufrieden seine Arbeitskraft. In seiner Freizeit schreibt er Bücher, treibt viel Sport und hegt seinen kleinen Zoo. Er lebt mit fünf Meerschweinchen, vier Wellensittichen, zwei Hasen, zwei Ratten und einem Mann überaus beschaulich im Osten der bayerischen Landeshauptstadt.

Bisher von ihm bei BoD erschienen:

Undichtungen: 1990 - 2000 (Lyrik, Band 1)
Bauchnabelfussel: 2009 (Lyrik, Band 2)
Bauchnabelfussel: 2009 (Kindle Edition)
Lotterleben: 365 Miniaturen (Jahresgedichte)

Pelle Lotterby

Räuberpistole

Kriminal-
gedichte

Tintenmord

Auf dem Blatte gibt es keine Lüge;
mit diesem Wissen macht es diebisch Spaß.
Recht mit Freuden spinnt man die Intrige
und hebt zum Toast das gutgefüllte Glas.

Zwischen Worten fasst man die Entschlüsse,
und zwischen Zeilen lauert still der Tod.
Stumm am Schreibtisch fließen die Ergüsse
so heiß wie Lava aus dem Felsenschlot.

Manche Wahrheit wird getrost verschwiegen,
denn wenn sie nicht zum frohen Sterben passt,
ja, dann muss man wieselflink betrügen,
damit das Leid geliebt wird, nicht gehasst.

Hinter Türen harrt man mit dem Messer,
grad frisch gewetzt, bereit zum nächsten Stich.
Kurz danach fühlt man sich wirklich besser;
die Wunden bluten ja nur inhaltlich.

Tief im Innern sind die meisten Schreiber
ganz fiese Schlächter, grausam, doch charmant.
Schwarz auf weiß erwachen dann die Leiber,
die frech gemeuchelt durch des Autors Hand.

Betonfuß-Serenade

Zwischen den Steinmauern unserer Stadt
jedwedes Dasein Berechtigung hat.
Wir tun uns're redliche Pflicht
im wärmenden Alltagslicht,
um froh zu sein, ehrlich und satt.

Beflissen duckt sich die Sonne zur Nacht,
erhebt den Anspruch zur standhaften Wacht,
doch unter den Straßen da tickt
die Welt etwas anders und strickt
gefährliche Maschen der Macht.

In dunklen Gewölben krümmt sich das Recht,
und Schuld ist ein Mann, man nennt ihn den „Hecht".
Sein Nimbus ist ihm nicht egal.
Gerissen, verschlagen, brutal
führt er das Familiengeschlecht.

Ein Padre ist er, ein wahrer Patron,
ein waschechter König, nur ohne Thron.
Die Fäden er zieht still und stet,
wie lehrhaft im Buche es steht.
Ein Erbe vom Vater zum Sohn.

Im Süden Siziliens waltet er fest,
für fast alle Bürger ist er die Pest.
Das Städtchen Ragusa erbebt,
wenn wütend die Hand er erhebt.
Kein Mäuschen wagt dann noch Protest.

Sein Sohn allerdings, der schafft ihm nur Leid,
zwar "rechte Hand", doch so ganz ohne Schneid.
Ein schwarzes Schaf, stattlich korrupt,
hat rasch sich als Nichtsnutz entpuppt.
Die Lösung steht drängend bereit.

Die Dämmerung bringt, so blutig und rot,
gar manchem Wicht den gar sicheren Tod.
So wichtig die Erde sich dreht,
so richtig ein Feind untergeht
behände in wässriger Not.

Ein Padre tut, was ein Padre muss tun!
Dies darf keinesfalls auf Mitleid beruh'n.
Er schenkt seinem treulosen Sohn
Gamaschen aus teurem Beton,
versenkt ihn mitsamt seinen Schuh'n.

Bekümmert am Morgen der Padre schaut
aufs Wasser, der Ingrimm ist abgeflaut.
Es fließen dem Maffia-King
die Tränen der Schmach übers Kinn:
„Ach, Pietro, ich hab' dir vertraut."

Der Serienmörder

Dem Kommissar der Atem stockt.
Der Mörder vor der Leiche hockt.
Das Opfer ist schrecklich bekannt
aus der Daily Soap „Lady Brabandt".

Das Absperrband ist abgesteckt.
Die Presse sich die Linsen leckt.
Die Tote, so schrecklich mondän,
sie kann heute den Showdown nicht dreh'n.

Der Mörder hatte ein Motiv.
Er stach ganz tief, ganz instinktiv.
Die Serie war schrecklich schlecht,
das Finale zu früh, doch gerecht.

Luft und Schloss

Wenn sich Helle in die Zelle drängt,
erst als Schatten, dann als Zwielicht,
und ein stummes Zwiegespräch versengt,
alte Schuld mit Einsicht sich vermengt,
ist die stille Stimme Scham die einzige, die spricht.

Wenn die kluge Ratte sich verzieht
durchs Gemäuer, in die Freiheit,
ist sie nicht allein, denn mit ihr flieht,
flüchtet einsam, eh' man sich's versieht,
banges Bangen, das der Zeit Erträglichkeit verleiht.

Wenn die Dämmerung sich sacht erschließt,
dimmt sich Luft, Gemüt und Leben,
und wenn durch das Schloss ein Lichtschein fließt,
wässrigtrüb das Schicksal sich ergießt,
die Sinne sterben, um dem Leben Sinn zu geben.

Die Lady im Rinnstein

Was macht sie bloß, was tut sie da?
Die Lippen blau, ganz wirr das Haar.
Die Abendgarderob':
Es glitzert die Rob'
so hübsch im dämmerig schmutzigen Lichterschein.
Die Laterne wird wohl ihr letzter Zeuge sein.

Sie liegt ganz still, sie sagt nichts mehr.
Ein Bein verdreht, der Hals noch mehr.
Das Perlencollier,
das Portemonnaie
nebst zehntausend Pfund sind leider auf und davon,
und auch der Schurke ist hastig with the wind gone!

Es regnet nass, es schwemmt sie fort
vom Rinnstein in den Stadtabort.
Ein funkelnder Ring,
den der Finsterling
jäh übersah, verbleibt als ein letztes Mahnmal.
Der Untergrund schenkt ihr ein stinkendes Grabmal!

Reim' dich und stirb

Nimm den Füller in die Hand,
scheiß' mit Inbrunst an die Wand;
schreib' auf, was du siehst,
auch wenn's keiner liest,
dann pisst du ein „X" in den Sand.

Mach' in deinen Pullermann
einen Knoten wie ein Mann;
es läuft sowieso
nicht nur auf dem Klo.
Lass' offen die Tür ohne Scham.

Schlag' dir selbst den Schädel ein;
was nicht rauskommt, lässt du rein.
Dann setzt du dich hin,
du denkst ohne Sinn
und machst einen Rülpser gemein.

Forensisches Techtelmechtel

Hübsch bist du, mein schönes Reh,
deine Augen sind verstörend,
einer alten Macht gehörend,
deine Lippen nutzt betörend
du mit Arglist, arg verhörend,
süchtig machend und beschwörend
und für jedermann empörend,
lass' mir meine Ruh' und geh'.

Jung bist du, du Zauberfee,
geizt nicht mit den losen Reizen,
musst nicht mal die Schenkel spreizen,
um das Feuer anzuheizen,
jeder brennt, und allerseitsen
jauchzt empört, doch froh „Juchhe!".

Still bist du, denn viel zu jäh
hat das laute, liebe Leben
dich mit einem Fluch umgeben,
jedes noch so starke Streben
stieg empor, begann zu schweben
wie die Flocken jungen Schnees.

Blass bist du, dein Dekolleté
hebt und senkt sich nicht geschmeidig,
deine Wangen sind ganz kreidig,
deine Haut entblößt, fast seidig,
deine Werte, leider leidig,
aufgeschnitt'nes Renommee.

Tot bist du, an deinem Zeh
hängt ein kleines Stück Papier,
leider nicht zur Zierde dir,
ach, mein Reh, verzeihe mir,
bist ja nicht zum Spaße hier,
jeder Schnitt tut mir auch weh.

Streben, stieben, sterben

Ich strebe nur nach Rache,
was ich auch immer mache.
Ein schneller Schuss,
ein kalter Gruß
ist, was ich dir vermache!

Ich stiebe in dein Feuer
als wüstes Ungeheuer.
Mein Herz brach'st du,
Recht und Tabu,
das kommt zu steh'n dich teuer!

Ich sterbe ohne Leiden,
werd' ruhig und lächelnd scheiden.
Denn du bist fort,
du hast mein Wort,
dass ich versuch'
den wüsten Fluch
zu brechen und,
ein großer Grund,
ein Wiedersehen tunlichst zu vermeiden!

Ich bin dem Teufel tausend Seelen schuldig

Viel zu lange hab' ich ausgeharrt
vor dem kühlen Hügel meiner Todesstatt.
Einst vom Leben feist und fett und satt,
nun ein Haufen Knochen nur, diskret verscharrt.

Totenstill und insgeheim erbost
wart' ich auf ein Zeichen aus der Unterwelt.
Glaubt er wohl, dass mir das hier gefällt?
Jede weit're Stunde meuchelt meinen Trost.

Ausgelaugt das Herz der Hoffnung glimmt,
schauderhaft mein Los, die Seele rabenschwarz.
Nicht gewahr des Drohenden ich ward's,
als den Teufel ich mit Grausamkeit verstimmt'.

Noch im Leben war ich hart und streng.
Über alles liebte ich Gerechtigkeit.
In den Mauern falscher Ehrbarkeit
wurd' der Strang am langen Hals doch langsam eng.

War der Henker, war der Herr der Zeit.
Tausend Seelen hab' ich dir, oh Fürst, geraubt.
Bin ein Nichts und du der Hölle Haupt!
Hohl' mich nun, dem eig'nen Tod steh' ich bereit.

Voodoo

Ich kaufe mir ein totes Huhn,
dann kann ich Zauberdinge tun;
ich räche mich ganz fürchterlich
an denen, die mir Schlaf geraubt;
drum bette ich ihr schlechtes Haupt
auf Stacheldraht, um sanft zu ruh'n.

Mit spitzen Nadeln steche ich
ins Püpplein, und ich freue mich
aufs Rachemal, ganz kalt, zumal
ein Kannibale gern sich labt;
in dieser Art bin ich begabt;
drum mach' ich weiter, Stich um Stich.

Und in die Schale werf' ich sacht
die Utensilien großer Macht,
zerkoche sie, ich nenn's Magie;
drum geb' ich lang' noch keine Ruh'
und seh' mir selbst beim Rächen zu;
das Feuer ist grad erst entfacht.

Hammer Horror

Der Auktionator klopft
mit dem Hammer auf den Tisch.
Er fühlt sich wie ein Richter.

... zum 1.
... zum 2.
... und schuldig!

Stolz blickt er in die Runde,
entsinnt sich seines Behufs.

Ein Mann steht leise auf
und schleicht zum Pult.

Just ersteigerte er,
als der „Richter"
versonnen träumte,
eine zierliche Phiole,
mit Grinseschädel
auf Kreuzknochen
hübsch verziert.

Stolz schaut er darauf,
grinst versonnen, sagt:
„Es ist nur ein Geschenk
für meine liebe Frau."

Der Kettenraucher

Am allerersten Tag saß ich an deinem Bette.
Dein Lebenswille drang zu mir
und knurrte wie ein wildes Tier.
Ich schloss uns ein und rauchte eine Zigarette.

Am Abend uns'rer allerersten schönen Stunden
erklärt' ich dir mein hehres Ziel.
Du schriest und winseltest zu viel.
Ich lächelte, liebkoste deine tiefen Wunden.

Am zweiten Tag versprach ich dir mit Engelszungen,
dass jedes Leiden Sinn ergibt,
wenn man den anderen nur liebt.
Der Worte Schall und Rauch stieß ich aus meinen Lungen.

Am dritten Tag sah ich dein schlichtes, leeres Leiden.
Wie schnell doch Lebenskraft verpufft.
Ich paffte Ringe in die Luft
und konnte es nicht lassen, mich an dir zu weiden.

Der vierte Tag, er brachte beinah' uns das Ende.
Ein Wachmann schellte vehement.
Ich war sehr klug und eloquent.
Danach wuchs prickelnd Lust und Wut in meiner Lende.

Am nächsten Sonnentag tat ich was Wunderschönes.
Dein Schwesterherz rief bei uns an.
Ich lud sie ein als braver Mann.
Den Rest erspare ich, da es zu arg obszön ist.

Der Tag zuvor, er brachte rege mich zum Grübeln.
Die Sehnsucht ist noch nicht gestillt.
Der Raum mit Rauch und Blut gefüllt.
Ich bin das arme Opfer, kann man's mir verübeln?

Die Tage kommen, gehen, wie sie es belieben.
Der Hunger wächst in meiner Gier.
Du bist mein Lebenselixier.
Dein Körper ausgezehrt vom Hungern und vom Lieben.

Am letzten Tage lös' ich gnädig deine Schellen.
Die Folter meiner Macht verging.
Jetzt bist du bloß ein totes Ding.
Ich schmecke Rauch und Blut im Mund.
Gewissen, Lust und Wut sind wund.
Ich winsle räudig wie ein Hund.
Ich fliehe wie ein Rächer und
hör' klebrigschal noch deine süßen Schreie gellen.

Im Zoo der Eitelkeiten

Im Tigerkäfig starb der Gangsterboss.
Der Pudel den armen Mörder begoss.
Der rabenschwarze Mann ritt hoch zu Ross.
Der Affe den Tod mit Nüssen erschoss.

Der Schurke biss der Schlange in den Schwanz.
Er trug aus Schleiereulen einen Kranz.
Der Teufel sprang mit den Bären in Tanz.
Er brach für das Robbenkind eine Lanz'.

Die Fledermaus trank das Blut nur zum Spaß.
Das Gesindel fraß mit den Schafen Gras.
Die Lachmöwe kicherte voller Hass.
Der kleine Fisch war leider nicht mehr nass.

Das Springböcklein brach sich den Pferdefuß.
Der Schlächter ertrank im Seerosenfluss.
Der Storch flog, im Schnabel den Dolch zum Gruß.
Der Frosch gab der Leiche den Abschiedskuss.

Was man wissen kann, doch nicht wissen muss,
ist wissenswert, aber jetzt ist Schluss mit dem Stuss!

Der Nationalheld
(Ein Gedicht ohne Konvenienz)

Der Pfeil fliegt weit,
saust durch die Stille,
trifft forsch des Mannes Hoden;
der Apfel fällt zu Boden.
Es ist wohl Zeit
für eine Brille?

Punkt, Punkt, Komma, Strich

Auf die große, getönte Scheibe
im Verhörzimmer haucht der
vermeintliche Missetäter
heiß einen kleinen Kreis.

Mit spitzem Zeigefinger und
breitem Lächeln malt er
erprobt ein freundliches
Mondgesicht in die
nur kurz weilende
Beschlagenheit des
spiegelblanken Glases.

Auf der anderen Seite bricht
für einen kurzen Moment
ein albernes Chaos aus.

Man legt ihm rasch nahe,
sich zusammenzureißen,
da seine Fingerabdrücke
am Tatort gefunden wurden.

Der getötete Clown fände
diesen ganzen Zirkus
gewiss nicht lustig.

Gestorben wird immer

Gestorben wird immer, da hilft kein Gewimmer!
Mit kirchlichem Amen, in grausamen Dramen,
bei Armen und Reichen, in allen Bereichen,
am Abend, am Morgen, mal froh, mal mit Sorgen,
mal jung, mal im Alter, auch Nachlassverwalter,
mal nackt, mal in Hosen, in peinlichen Posen,
mit Gift oder friedlich, mal hässlich, mal niedlich,
beim Putzen, beim Pimpern, mit künstlichen Wimpern,
in Flora und Fauna, der Lump und der Gauner,
in sonnigen Breiten, bei klingenden Saiten,
der Hund, der Verliebte, Gekochte, Gesiebte,
der Feind, der Verlobte, auch wenn man's nicht probte,
mal klug und mal dämlich, mal vollends beschämlich,
mal voll und mal nüchtern, mal mutig, mal schüchtern,
gewollt oder gar nicht, mal blind, mal mit Aussicht,
allein und in Gruppen, mit Pickeln und Schuppen,
mal fröhlich, mal traurig, mal fürchterlich schaurig,
und auch mal auf Reisen, beim Pinkeln, beim Scheißen,
beim Pfeifen und Flöten, in ziemlichen Nöten,
auf fremden Planeten, ganz ohne Peseten,
auf Festen, auf Feiern, im Norden, in Bayern,
beim Stöhnen und Schwitzen, im Stehen, im Sitzen,
beim Schlafen, beim Wachen, mit Dingen und Sachen,
im Wald und im Zimmer, mit Kammergeflimmer,
der Faule, der Schwimmer, beim Sport auf dem Trimmer,
hat man keinen Schimmer, wird's ärger nicht, nimmer.
Gerecht oder schlimmer, gestorben wird immer!

Fang' den Panther mit 'ner Mausefalle

Die Angst zermürbt dich täglich.
Dein Reichtum bringt dich um!
Dein Leben ist so kläglich,
abscheulich unerträglich,
drum bau dir einen Panic Room.

Dort darfst du dich verstecken
vorm bösen, schlechten Mann,
in Selbstmitleid verrecken,
die Wunden feig' dir lecken
in peinlichem Verfolgungswahn!

Die Nächte werden länger!
Der Raum steht hutbereit
als kleiner Albtraumfänger,
doch du wirst immer bänger
in trügerischer Tapferkeit.

Und eines Nachts, tatsächlich
schlägt's laut im Haus Alarm!
Die Knie zittern schwächlich.
Der Schweiß rinnt nebensächlich.
Zwar bist du reich, doch schrecklich arm.

Im Erdgeschoss, da tappt es.
Im ersten Stock, da knallts!
Dein Herzschlag überlappt kess
die Ratio, fernab des
Großungewitterdonnerhalls.

Die Blitze zucken mächtig!
Ein Lachen schleicht ums Haus.
Ein Schatten, groß, verdächtig,
macht deinen Mut ganz schmächtig,
kocht deine Nerven gar und aus.

Die Angst wird immer schlimmer!
Du kriechst zum Panic Room
mit kindlichem Gewimmer.
Du paddelst wie ein Schwimmer
zum supersicher'n Heiligtum.

Den Code rasch eingegeben.
Die Tür geht auf, gottlob!
Wie ist doch schön das Leben,
kann man in Schutz sich weben.
Gelogen hat das Horoskop.

Doch in des Raums Behagen,
da ist er nicht allein.
Ein Mäuslein piepst ohn' Zagen.
Sein Herz hört auf zu schlagen.
Die Gaunermaus im Lichterschein
belacht ihn, rattengleich gemein!

Die Moritat vom Grauskopf

In einer verkommenen Kate im Moor,
da lebte ein seltsamer Mann ... doch bevor
die Mär ich vom Grauskopf erzähle,
ich überaus deutlich empfehle,
mit Vorsicht zu lauschen, mit Köpfchen und Ohr!

Der Mann, also Grauskopf, der war einst Frisör.
Er hatte zwei Katzen, ein Weib und ein Gör
und trug eine krause Perücke
zum Schutz vor der heimischen Mücke.
Er schaffte talentfrei als Euro Coiffeur.

Er schaffte nur ungern und war schrecklich mies,
war zu seinen Kunden erbärmlich und fies,
sodass er die Arbeit verlor,
und er hatte dem Chef tags zuvor
ein Ohr abgeschnitten, gekonnt und präzis'.

Von da an bergab ging's. Sein Leben wurd' grau.
Ob seines Versagens verließ ihn die Frau.
Das Balg nahm sie mit, Gott sei Dank!
Ja, und eine der Katzen ertrank.
Er fing an zu trinken und war meistens blau.

Er trank immer weiter, ersäufte die Schmach,
versoff die Perücke mit Au, Weh und Ach!
Sein Dasein war ziemlich gepfändet,
sein Leben kaputt und geschändet.
Er war einfach platt und komplett matt beim Schach.

Im tiefsten Delirium kam ihm per se
ein Geistesblitz dann, eine tolle Idee!
Sie bot ihm als Alternative
ganz offensiv „die" Perspektive,
erfolgreich was Echtes zu leisten, in spe.

Nun ja, die Idee hatte wirklich Format.
Sie war lukrativ und durchaus delikat.
Da kam ihm die Nähe zum Sumpf
gleich zupass wie ein ganz großer Trumpf!
Den Businessplan hatte er auch schon parat.

Gewiss war der Wunsch, „Engelmacher" zu sein,
nicht gänzlich durchdacht, und so hob er zum Schein
sich selbst in den Stand der Doktoren.
Er hatte sich selbst auserkoren
zum Retter der Frauen in Not und in Pein.

Beruf und Berufung sind zweierlei zwar,
so war ihm sein Handeln doch überaus klar?
Er sammelte Informationen,
damit sich auch alles würd' lohnen.
Die Investitionen, sie war'n absetzbar.

Mit sträflicher Bürde, in Lug und in Trug
nahm auf er die Arbeit, nicht gut, ohne Fug.
Er hatte so gar keine Ahnung,
zudem war sie schlecht, seine Tarnung.
In reicher Erwartung begann er den Spuk.

Die bettelnden Seelen der weiblichen Zunft,
sie kamen tatsächlich und nannten's Vernunft.
Sie baten, denn groß war'n die Nöte,
dass rasch er die Lendenfrucht töte,
die ihnen verpasst hat ein Kerl in der Brunft.

Er tat es mit Stricknadeln, Gift und Chemie.
Es wurde Passion, wurde fast zur Manie.
Die Art war nicht sehr medizinisch
und ganz gewiss nicht sehr hygienisch.
Gelingen war ausschließlich Glückslotterie!

Er war ja kein Heiler, kein Arzt oder Gott,
und seine Moral, die war reichlich bigott!
Er fand es auch ziemlich banal
das Jammern in schrecklichster Qual.
Er hörte nicht hin und vergaß schrecklich flott.

Das Recht aus den Augen, die Hände voll Hast,
versenkte er heimlich bei Nacht im Morast
die toten geholten Geschöpfe.
Er scherte sich nicht um die Köpfe
der Frauen, die traurig geneigt war'n vor Last.

Gefüllt war die Börse. Das Licht wurde fahl.
Der Hebammenkodex war ihm scheißegal!
So kam es dazu im Augusten,
dass Einige doch zu viel wussten.
Das Schreien und Kreischen war doch zu fatal.

Im Grollen des Sturmes, der aufzog bei Nacht,
da rotteten heimlich im Dorfe zur Schlacht
die Bürger sich wütend zusammen,
den garstigen Strolch zu verdammen,
der viel zu viel Menschen aus Gier umgebracht.

Sie stoben mit Forken und Gabeln ins Moor
und johlten Tiraden des Hasses im Chor.
Der arme Wicht leidlich erschrak.
Er stürzte aus seinem Verschlag
und just in den Tod, weil den Halt er verlor.

Die Leute, die gafften mit offenem Mund.
Der Grauskopf versank tief im schlammigen Schlund
zusamm' mit den schuldlosen Leichen.
Sie taten die Rechnung begleichen!
Ein grausamer Mensch ist wohl stets moribund?

„Moral beschert nur kaltes Grausen
all jenen, die Moral zerzausen!"

Punkt, Punkt, „Koma", Strich

Auf dem leichenbleichen Gesicht
verlustiert sich die wenig
reuige Gemahlin mit
großen, kreisenden
Bewegungen.

Mit spitzem Zeigefinger und
breitem Lächeln malt sie
erprobt ein freundliches
Clownsgesicht auf die
steifen, starren Züge
des Patienten.

Die Geräte piepsen und
rauschen, doch eine
Lebenserwartung
konveniert nicht
unbedingt mit der
Lebenserhaltung.

„Schnipp" und „schnapp"
sind die ja so lästigen
Schläuche gekappt, und
„schwups" ist der Stecker gezogen.

Ein wichtiges Dokument verschwindet
tränenlos in der Krokohandtasche.

Die See gibt nichts zurück

Wenn der Wind weht, wild und wüst,
die Gezeiten grimmig grüßt,
wenn ich in die Weite späh',
weder weiß noch stur versteh',
wenn blind die Sonne untergeht,
dann ist es wahrlich schon zu spät.

Wenn die Flut den Sand berührt,
hat mein Irren dich entführt;
wenn am Horizont der Mond
weder fürspricht noch verschont,
wenn stumm die Nacht die Pforten schließt,
dann spür' ich, dass du weiterziehst.

Wenn der Wellen Glitzerklang
in mich dringt, dann wird mir bang';
wenn mit zorniger Geduld
Neptun nährt die alte Schuld
und wenn die See begräbt das Glück,
dann gibt sie niemals es zurück.

Pelle's Liste

Zu füttern vergessen.
Die Leber gefressen.
Mit Feuer versengt.
Die Bombe gesprengt.

Psychotisch geschlachtet.
Die Därme verpachtet.
Mit Wonne erstickt.
Am Halse verstrickt.

Am Schlagstock gemümmelt.
Im Keller verstümmelt.
Mit Giftgas beglückt.
Den Torso zerpflückt.

Mit Säure beträufelt.
Im Blutdurst verteufelt.
Durch Strom ausgemerzt.
Mit Pillen verscherzt.

Die Zunge zerschnitten.
Den Leib durchgeritten.
Gescheit überrollt.
Die Augen gewollt.

Im Wasser versunken.
Den „Cocktail" getrunken.
Den Fuß abgetrennt.
Den Gasherd verpennt.

Den Schädel zerschossen.
Die Tür abgeschlossen ...

... geschlossen ...

... genossen ...

... genossen ...

... genossen ...

... genossen ...

Die Opferrolle
(Ein weiteres Gedicht ohne Konvenienz)

Olga rollte vor.
Olga rollt' zurück.
Bricht sich erst das Ohr.
Danach das Genick.

Der tote Raum

Das Leben ist schlecht,
die Welt ist noch schlimmer.
Das Leiden ist echt.
Ich hab' keinen Schimmer.

Ich hab' keine Wahl.
Ich werde nicht flüchten.
Ich geh' mit der Qual
und lern' zu verzichten.

Und über die Zeit
werd' ich nicht mehr sprechen.
Ich bin nicht bereit,
mich einsam zu rächen.

Der Tod ist mir freund.
Bin lang' schon gefangen.
Die Last ist umzäunt,
verblasst das Verlangen.

Vergessen ich bin,
verletzt und verlassen.
Mir steht nicht der Sinn,
zu leben, zu hassen.

Gummizelle, Trakt No. 1

Hörst du die Stimmen.

Sie plappern und summen.

Ich lausche versonnen.

Ich denke beklommen.

Ich kann nicht entrinnen.

Die Zeit ist geronnen.

Ich will sie verdünnen.

Ich bin nicht besonnen.

Ich kenne kein Können.

Es ist nichts vollkommen.

Ich kann nur entflammen.

Ich darf nicht verbrennen.

Ich will nicht verkommen.

Ich muss mich bekennen.

Ich soll mich benennen.

Ich muss mich verspannen.

Ich suche die Wonnen.

Ich darf nicht beginnen.

Ich kann nicht gewinnen.

Ich friere von innen.

Ich bin fast von Sinnen.

Ich bin ganz versponnen.

Ich kann nicht verstummen.

Ich muss mich verdammen.

Ich kann mich verbannen.

Ich kann mich verrennen.

Ich kann mich verkennen.

Es gibt kein Entkommen.

Norman's Nachtgebet

Mutter, Mutter, sei nicht gram
über deinen Sohnemann.
Bitte tränk' dich nicht in Scham.
Weißt, dass ich nicht anders kann.

Mutter, Mutter, sei mir gut.
Ja, ich bin ein guter Sohn.
Wisch' auch auf das rote Blut.
Mag nur keinen bösen Hohn.

Mutter, Mutter, bleibe mir.
Weißt, ich muss es einfach tun.
Es zerreißt mein Leben schier.
Erst im Tod kann ruhig ich ruh'n.

Mutter, Mutter, geh' nicht fort.
Dunkle Zeiten geh'n vorbei.
Doch an jenem dunklen Ort
steht die bleiche Zeit, verzeih'.

Mutter, Mutter, es ist Zeit.
Hab' gegraben schon dein Grab.
Habe unsern Bund entzweit,
dass ich endlich Ruhe hab'.

Kollateralschaden

(Die Wahrheit über das Koller-Gen)

Heut' früh in tiefem Schlummer ich lag,
als meine Frau explodierte.
Auch wenn ich zu mutmaßen gar nicht wag',
ahn' ich doch, warum das passierte.

Sie war zu scharf, heiß wie ein Vulkan,
es war eine Frage der Mischung.
Lang' war ich ihr Sklave, ihr Untertan;
sie war für die Sucht die Erfrischung.

Die Jahre vergingen wie im Flug,
das Alter grub tiefe Falten,
doch gibt es Mittel für Spiegelbetrug:
Chirurgisch kann man sich erhalten.

Die Wahl fiel leicht auf Lifting & Co.,
Chemie ist teuer, doch wirksam;
vom Kopf zur Hüfte, vom Busen zum Po,
die Schönheit kommt manchmal gewaltsam.

Den ganzen Leib geformt und gefüllt
mit Substanzen gefährlich und prall,
so hat sich recht laut ihr Schicksal erfüllt.
Einen Tinnitus hab' ich vom Knall!

Bruders Atem

Des Bruders Atem erfüllt meine Hülle.
Es war mein Verlangen, es war mein Wille.
Die Gier nach Liebe war lediglich Lüge.
Für dieses Laster erhielt ich die Rüge.

Ich stahl dem Bruder die einzige Chance.
Dem Dämon machte ich bar die Avance,
um das zu bekommen, was mir nicht zustand,
da dickes Blut fließt mit dickerem Aufwand.

Sein Wasser des Lebens vergoss ich tollkühn.
Es war mir verwehrt, mich um ihn zu bemüh'n.
So schließ' nicht die Erde, öffne die Lunge.
Im Himmel ist wohl der bravere Junge.

Gummizelle, Trakt No. 2

Warum kann ich mich nicht mehr regen?
Wer spricht mir im Finstern den Segen?
Woher kommen all diese Stimmen?
Kann ich diesen Berg noch erklimmen?
Wer ließ sie herein diese Schatten?
Weshalb sind hier so viele Ratten?
Wieso kann ich denn nicht mehr fliegen?
Wen darf ich denn jetzt noch belügen?
Wer gibt mir die farbigen Pillen?
Wer bricht mir als Nächster den Willen?
Warum sind die Tage so traurig?
Weshalb sind die Pfleger so schaurig?
Wer stahl mir so plötzlich das Leben?
Wieso ist der Boden nicht eben?
Warum stürz' ich täglich zu Grunde?
Mit wem ist der Teufel im Bunde?
Wo sind denn nur all meine Freunde?
Weshalb ich mein Ego verleumde?
Wie groß ist die Welt ohne Ketten?
Wer möchte die Seele mir retten?
Wieso soll aufs Recht ich noch pochen?
Warum löst mein Fleisch sich vom Knochen?
Weshalb bin ich nackig und frierend?
Wieso glänzt das Kreuz nicht verzierend?
Warum macht der Tod nicht Besuche?
Weshalb schlägt kein Hoffen zu Buche?

Hinter den sieben Bergen

Der kleine, faule Herr Guder hatte sich
hinter einer ansehnlichen Kette
aus sieben Aktenbergen zur
ehrlichen Ruhe gebettet.

So überlebte er nicht nur einen viel zu
strengen Winter, sondern entging
ebenso dem allzu lästigen
Mysterium der Arbeit.

Als der Schnee geschmolzen war
und die ersten Vögelein aus
den sonnigen Regionen
wiederkehrten, da
wurde ein sehr
gewissenhafter
Mitarbeiter des Herrn
Guder gewahr, dass etwas
beileibe nicht stimmen konnte.

Das beruhigende
Schnarchen, das stets die
Flure im Amt erfüllt hatte, war
ganz plötzlich, ehrlich und wahrhaftig
verstummt. Bei genauerem Hinsehen fand man
den armen Beamten aufgespießt auf einem Zettelspieß.

Aubade, Lied der Hoffnung

Wenn der Tag sich ins Zwielicht verzieht,
gewinnen die Schatten an Leuchten.
Wir lauschen gewinnend dem Lied,
vergessen, was morgen wir bräuchten.

Wenn die Mutter das Kinde beküsst
voll Unschuld in seligem Schlummer,
hat schuldvoll das Gestern gebüßt.
Das Lied übertönt allen Kummer.

Wenn in Ehrfurcht die Sonne verglüht,
befürchten wir ehrlich das Ende.
Die Nacht macht uns Angst und versieht
dem Träumenden Raum ohne Wände.

Wenn die Freiheit, so düster und rein,
uns einpfercht wie schlafende Schafe,
beginnt das erhabene Sein
zu singen, dem Zwielicht zur Strafe.

Wenn das Lied aus der schwindenden Nacht
verschüchtert den Kummer voll Schatten,
erleuchtet in hoffender Pracht
das Dunkel, das niemals wir hatten.

Der angeschmierte Prinz

*(Farbvolle, doch trostlose Variation in
Ingrimmgrau und Ultramärchenmarin)*

*Sowas gab es hier noch nie,
solch ein Farbenpotpourri:*

*Eitergelb und Kackebraun
sind gar fröhlich anzuschau'n;
Aderblau und Herzblutrot
bringen Leichtigkeit ins Lot;
Knochenweiß und Darmpastell
setzen Lichter, seicht und hell;
Klinkerumbra, Wiesengrün,
um Kontrast muss man sich müh'n;
Brunnenwasseranthrazit,
wenn die Herkunft man besieht;
Fliegenschwarz und Sonnenklar
sind zusammen ziemlich rar;
Warzenbeige und Kugelgold
machen nicht nur Wangen hold;
Königstochterkarmesin,
einiges wird nie verzieh'n;
Matschmagenta, Sumpfoliv,
manchmal hängt das Bild halt schief.*

*Fröschlein, Fröschlein, malst ein Bild
an der Mauer, bunt und wild;
unfreiwillig, doch prägnant
klebst du farbfroh an der Wand.*

Jacqueline the Ripperin

Jacqueline war eine Stripperin
im Porno-Oben-Ohne-Inn,
sie war der Wollust Dienerin
und hielt den Kerl'n die Titten hin,
auf dass sie in den Schlüpper rin
'nen Zehner steckten, daraufhin
sie luden ein zum lecker Gin.

Sie stand im Leben mittendrin,
der Job war gut und ohne Sinn,
doch als ihr fieser Schwipp-Cousin
sie schimpfte fies als Schwindlerin,
gleich wie ein irrer Muezzin,
weil er ihr konnte nicht verzieh'n,
dass sie ihn hasste, so es schien,
ihr Lebensmut schwand „schwups" dahin.

Es war ein Irrtum ohnehin.

So hatte sie sich ausgelieh'n
von einer Freundin-Kellnerin
ein scharfes Messer, das sie in
den Hintern stach vom Schwipp-Cousin
als Rache an dem Arsch-Kretin.

Sie stach sehr tief herin in ihn,
die Kling' fuhr wie durch Gelatin'
und bracht' ihn um die Ecke hin,
die Leute um sie rum, die schrien,
ihr Boss konnt' nur den Mund verzieh'n.

Jacqueline verlor den Job, worin
sie wirklich selten sah 'nen Sinn,
doch nährte er sie immerhin.

Jetzt trank sie nur noch Billig-Gin.

Dann kam sie auch nicht gut umhin,
zu hör'n den Spruch der Richterin:
„Zehn Jahre kriegst du in Sing Sing!",
dann kam sie ins Gefängnis rin.

So ging ihr Leben flugs dahin,
die Presse schrieb über Jacqueline:
„Sie ist des Erbes Hüterin
von Jack the Ripper's Widersinn."

Wasserzeichen

Ich warf dich in die Isar weit,
und niemand hat's geseh'n;
sie ist um diese Jahreszeit
auch wirklich wunderschön.

Die gruselgrame Agonie,
die du mir stets beschert'st,
gab ich dir heut' zurück, Chérie,
mit Freude und beherzt.

Dein Körper sank ins tiefe Blau,
am Ufer, wellumschäumt,
stand ich und wusste nicht genau,
ob ich das nur geträumt?

Ums Leben schert man sich oft sehr,
ums Lieben keinen Deut;
es lenkt und stößt, mehr frech als fair,
ins Unheil, ungescheut.

Die Fluten glänzen sagenreich
und decken hübsch dich zu;
am Ufer steh' ich, ruhig und bleich,
und schuld daran bist du!

Smooth Criminal Cha-Cha-Cha
(Vom Gigolo, der in der Tanzstunde seine Angetraute
mit einem Maschinengewehr eiskalt niedermetzelte)

Angetraute: 1, 2, chachacha,
Gigolo: 3, 4, chachacha,
Angetraute: 1, 2, tralala,
Gigolo: 3, 4, hopsasa,
Angetraute: 1, 2, chachacha,
Gigolo: 3, 4, ohlala,
Angetraute: 1, 2, blablabla,
Gigolo: 3, 4, jajaja,
Angetraute: 1, 2, blablabla,
Gigolo: 3, 4, gragragra,
Angetraute: 1, 2, blablabla,
Angetraute: 3, 4, blablabla,
Angetraute: 1, 2, gragragra,
Gigolo: 3, 4, chach...aua,
Angetraute: 1, 2, hahaha,
Gigolo: 3, 4, gragragra,
Angetraute: 1, 2, blablabla,
Gigolo: 3, 4, grragrragrra,
Angetraute: 1, 2, blablabla,
Gigolo: 3, 4, grrragrrragrrra,
Angetraute: 1, 2, ballala,
Gigolo: 3, 4, grrrahgrrrahgrrrah,
Gigolo: 1, 2, ratata,
Angetraute: 3, 4, ahahah,
Gigolo: 3, 2, hahaha!

Das falsche Ende des Regenbogens

Kleine Lichter, große Sorgen
zerren dich zur Dunkelheit.
Sei geheim, und bleib' verborgen,
in dir gleißt die kalte Zeit.

Alle Welt in keiner Tugend,
nur das Überleben zählt.
Die Vergangenheit verfugend
reißt doch durch, was dich zerquält.

Alt geboren, jung gestorben,
bist des Schicksals Opferlamm.
Hast in Wirren nichts erworben,
hüll' dein Antlitz nur in Scham.

Gut geweint, die böse Zunge
schlingt sich um die Lebenskraft.
Stoß' das Letzte aus der Lunge,
Wort um Wort erstickt dich sacht.

Anfangs scheu, doch blüh'n am Ende
alle Farben lebensfroh.
Reich' der Unschuld deine Hände,
träume fort, brenn' lichterloh.

Blinde Ohren, stumme Augen

Den Weg durch die Welt ging er bange.
Er schlug ihre rosige Wange.
Er schlug sie sehr oft. Er schlug sie sehr fest.
Sie hatte gehofft, dass er das mal lässt,
doch war sie die Letzte im Range.

Er tat's, weil er's nicht anders kannte.
Auch wenn er die Geister verbannte,
schuf er jeden Tag den grausamen Spuk,
und täglich erlag er jenem Betrug,
den fälschlicher Glaube ihm sandte.

Wer wusste, der wollte nicht retten.
Und niemand zerschlug ihre Ketten.
Wer Unwissen sät, bequem und bekannt,
sich selber verrät, Gewissen verbannt,
um nächst sich in Reue zu betten.

Die Welt dreht alltäglich sich weiter.
Die Nachrichten, blutig bis heiter,
verschweigen nur das, was jeder schon weiß.
Das winzige Maß, so brennend wie Eis,
der Wahrheit wird sein ihr Begleiter.

Erlkönig 2012 (Murder Mix, Part I)
(By King Erl feat. DJ Psycho)

Wer schafft da so spät bei Nacht und Wind?
Es ist der Norman, er tut's geschwind.
Sie liegt in der Grube, blass und arm,
ist bleich wie der Mond, ist fast noch warm.

Der Boden zerdrückt durchs traute Gewicht.
Der Norman lächelt, sie sieht es nicht.
Noch eine Stund', die Mutter ist steif,
verstummt ihr ewiges Gekeif'.

Er hatte genug, glaubt es mir,
drum schlug er zu, ganz ohne Gezier'.
Die Blumen setzte er an den Rand
und grub tief ein Loch in Erde und Sand.

Er streichelt die Wange, das sternvolle Licht
sich in ihren tottrüben Augen bricht.
Die Wange so kalt, die Augen blind,
das dünne Haar zersauselt der Wind.

Ein Glück, dass wispernd die Winde weh'n
und dass keine Leute voll Neugier späh'n.
Er würde sich niemals und nimmer verzeih'n,
wenn weiteres Sterben sich reihte hier ein.

Er hat klug gewählt diesen einsamen Ort
für einen überfälligen Mord.
Die Hände blutig, die Nacht so blau,
sein Schatten beäugt sein Walten genau.

Er hasste sie, ihr Gemüt war zu kalt und zu alt,
und weil er nicht folgte, erzog ihn Gewalt.
Da sein Leben bestimmt war von Anfang an,
hat er ihr heut' Nacht ein Leids getan.

Der Erde Krumen, umwirbelt von Wind,
verbergen den Hass. Am Grab steht das Kind:
Der kleine Norman greint mit der Not,
ob falsch oder nicht, Mutter ist tot!

Das Familiengeheimnis

Nun möchte ich traulich bezeugen,
im Vollbesitz geistiger Kräfte,
ich kann nur in Gram noch mich beugen,
versiegt sind die sehnenden Säfte.

Geheimnis umwittert mein Sterben,
mein Leben sich hob aus den Angeln,
fort kehrte ich heimlich die Scherben,
es sollte an Lügen nicht mangeln.

Mein Körper wuchs, mit ihm die Seele,
mein Mannsein erlag einer Laune,
die gute Natur gibt Befehle,
doch hält sie die Angst nicht im Zaume.

Die ganz große Liebe ist selten,
zwei Herzen hat sie uns zerrissen,
beim Abschied zersprangen die Welten,
er würde nie wieder mich küssen.

Ich habe die Kluft nicht ertragen,
mein Bruder fiel tief in die Weiten,
der Tod kommt mit spätem Behagen,
nun können den Nachtwind wir reiten.

Bekenntnisse eines Grabsteins

Ich hieß Charlotte Wohlgemut.
Ich wollte nicht, dass man mir tut,
was man mir tat, mit großer Wut,
sodass mein Körper nun hier ruht.

Er schlug mir hart den Schädel ein.
So endete mein schnödes Sein.
Ich schwör' auf diesen Grabesstein
und auf mein rottendes Gebein.

Ich schwör', dass man mir Böses tat.
Ich fand den Herrn halt viel zu fad'.
Stand ihm zwar bei mit Tat und Rat,
doch übte er sich im Verrat.

Ich ahnte nicht, was Liebe macht.
Wenn sie verschmäht, die Rache lacht.
So stieß er mich in dunkler Nacht
ins Feuer heller Höllenmacht.

Verderben und Vergessen sind
Geschwister, und das Sorgenkind,
Vergeltung nennt man's, zu geschwind
sich selbst betrügt, absurd und blind.

Der Glaube macht uns rasch zum Tier,
denn wünscht' ich fromm, er läge hier.

Die Schurkenglocke

Hörst du die Glocke nicht?
Sie hallt fort über die Felder,
in der Nacht über die Dächer.
Durch die Nacht in die Herzen
der Arglosen, der Tadellosen,
tief hinein in ihre Träume.
Die einwandfreien Seelen
erzittern bei jedem Schlag.

Spürst du die Schuld nicht?
Der dumpfe Ton der Kirchglocke
geleitet deinen schamlosen Schlaf.
Führt dich in die Gefilde derer,
die es doch nicht besser wussten.
Die ewige Flucht vor der Angst,
sie beginnt erst jetzt, endet erst,
wenn das Kreuzfeuer verebbt.

Siehst du die Gnade nicht?
Heimlich jagst du die armen Teufel
mit dem einsamen Mut der Meute.
Weit, weit hinter den Bluthunden,
tief, tief im Schatten verborgen.
Das Geläut rechtfertigt dein Tun,
vergisst aber nie, vergisst nicht,
wenn es nächtens wieder ertönt.

Dartmoor Blues

Los, klapper mit der Tasse an den Gitterstäben,
schlag' laut mit deiner Wut den Takt
im einsamen Gefängnistrakt.
Die alte Uhr im Gang zertickt das neue Leben;
im Rhythmus zäher Reuigkeit
vertropft die Ehrlichkeit der Zeit
und bildet einen See aus überflüss'gem Streben.

Auf, schrei' und lache mit den Wärtern toll im Chore,
und schmetter irr' das Lied voll Zorn;
im Kanon liegt die Stimme vorn.
Sie trägt dich eitel übern Hof, hinaus zum Tore.
Besing' das Leben und die Welt,
schau', wie das Gitter niederschnellt.
Du bist kein Held, ein Träumer nur, nimm's mit Humore.

Geflissentlich pulsiert das Blut in deinen Venen,
vermengt sich traurig mit Musik.
Die Lanze hoch, du bist im Krieg;
die Trommeln dröhnen, doch der Sieg kommt nur zu denen,
die wissen, dass die Melodie
durchdrungen ist von Ironie.
Das Gitter siebt die Freiheit, übrig bleibt nur Sehnen.

Erlkönig 2012 (Murder Mix, Part II)
(By King Erl feat. DJ Psycho)

Wer fährt noch so spät? Die Nacht ist lau.
Es ist der Norman mit seiner Frau.
Er hat das Weibsbild im Kofferraum.
Sie ist gefesselt, kann atmen kaum!

„Ach, Lila, was trommelst du laut da rum?"
„Norman, hör' auf, du bringst mich ja um!
Jetzt lass' mich doch endlich raus, du Arsch!"
„Ach, Lila, sei doch nicht so barsch.

Du dummes Ding, nun sei doch still!
Es ist doch wirklich ein schönes Spiel.
Ich weiß genau, du willst es doch auch!"
Der Kofferraum füllt sich langsam mit Rauch.

„Ach, Norman, oh, Norman, ich krieg' keine Luft!"
„Das ist nur Abgas, das leise verpufft.
Jetzt halt' die Schnauze, du dummes Ding!
Mir brennt am Finger der Ehering.

Ich wollt' nur dein Geld und niemals dich.
Du bist ja nicht hübsch, sondern gruselig.
Ganz gruselig ist ja fast alles an dir!"
„Oh, du miese Drecksau, das merke ich mir!"

„Pass' auf, was du sagst, sonst ergeht es dir schlecht!"
„Mir ist schon schlecht, ganz übel, in echt!"
„Jetzt halt' den Rand, ich kann's nicht mehr hör'n!"
Sie fängt wie ein alter Hirsch an zu röhr'n.

Sie kotzt arg laut, und Norman verdreht scheel den Blick.
„Bist du jetzt nicht artig, brech' ich dein Genick!"
„Ach, Norman, oh, Norman, ich flehe dich an!"
Norman fährt rechts an die Planke ran.

Der Manta hustet und Norman steigt aus.
Er öffnet das Heck, nimmt schreiend Reißaus!
Sein Skrupel wächst und damit die Not:
Die blöde Kuh ist lang' noch nicht tot!

Zehn kleine Schatzpiraten

Im Boot an den Strand gespült.
Die Kehlen mit Rum gekühlt.
Das Eiland liegt grün auf blau.
Der Bootsmann vertäut das Tau.
Der Papagei leise krächzt.
Der Palme Wipfel laut ächzt.
Zwei Palmen, gleich einem Tor:
„Zehn Schritte, auf Männer, vor!"
Zehn Männer, doch nur ein Schatz.
Begonnen drauf hat die Hatz.
Der Weg zum goldenen „X"
gespickt ist mit Todestricks!
Durchs Unterholz ... einer fehlt?
Recht beutegierig entseelt.
Die Gabelung und dann rechts.
Da gibt's nix Gutes, nur Schlecht's.
Der Nächste krepiert sehr forsch.
Der Ast überm Loch war morsch.
Nach links, zwei Schritte zurück.
Für zwei ist nicht hold das Glück.
Zwei andere sehen rot.
Der Captain bestraft nur mit Tod!
Drei Männer und Captain Blood.
Drei Kehlen, ein Säbelblatt.
Dann auf die Lichtung: „Hurra!"
Der Schatz des Urahn' liegt da.
Ein „X" aus Gold wie gemalt's.
Er stolpert ... bricht sich den Hals.

Der Gärtner war's

In einer beschatteten Ecke des Gartens,
gleich bei den Radieschen, da lag tot das Lieschen;
im Boden verbuddelt, ganz kopflos, verschmuddelt
und ziemlich verschimmelt ob sinnlosen Wartens.

Sie wartete lange und hoffte vertrauend,
dass jemand sie fände; ihr plötzliches Ende,
es war viel zu plötzlich; doch einer ergötz' sich
tatsächlich, anlässlich den Ausweg erbauend.

Der Ausweg, er war schlicht ein Fußweg aus Steinen,
sehr dick und robustig; die Leich' war schon krustig,
bedeckt von den Brocken; nun konnte frohlocken
der schändliche Schlächter, so könnte man meinen.

Des Nachts laut ertönte die Stimme am Zaune,
gleich vor seinem Raume; er fuhr aus dem Traume
und hörte sie bitter: „Ja, du bist mein Schnitter!";
des schlechten Gewissens gar tödliche Laune.

Er fuhr in die Höhe, sodann in die Hölle;
sein Herz war zu schwächlich, der Körper gebrechlich;
das Lieschen, sie lachte; die Gattin erwachte
und hörte aus Sphären die Buhlerin plärren;
nun war sie viel klüger: ihr Mann, ein Betrüger;
als wenn das Gekreisch' der Erkenntnis erschölle.

Verkehrte Welt

Der Offizier vergaß die Zeit.
Der Deserteur stand stramm bereit.
Die nicht bedachte Endlichkeit
verlor sich in Zufriedenheit.

Der Querulant erschoss sich nicht.
Der Richter ging zum Unterricht.
Der Wahnsinn schob im Rampenlicht
absichtlich keine Sonderschicht.

Der Kommissar schloss selbst sich ein.
Der Delinquent wollt' artig sein.
Das Schicksal hüpfte schick und fein
und brach sich fei das Schlüsselbein.

Der Prinzregent kam aus dem Takt.
Der Dirigent verließ den Akt.
Die Welt zerbiss den Friedenspakt
und fand sich widerlich abstrakt.

Der Lehrer log die Märchen wahr.
Die Amme einen Fisch gebar.
Der raue Dackel Waldemar
erkor sich selbst zum Katzenstar.

Mit Blut geschrieben

~I~

Ich schrieb dem Widersacher einen Liebesbrief,
die Feder habe ich in frisches Blut getaucht;
auch wenn das Schicksal warnend meinen Namen rief,
hab' seinen ich begehrlich in den Wind gehaucht.

Erschienen war des Gottes Fratze mir im Geist
und brach wie eine Plage über mich herein;
ein Streit der Eiferer erwuchs im Jahreskreis
und schlug wie tumbe Berserker die Seelen klein.

~II~

Im weltlichen Verdikt zur großen Heiligkeit
verbrämt die Narretei die falsche Ordnung fromm;
wenn dann des Vaters Wort der Mutter Welt entzweit,
wird klerikal der Schutz gesucht im dunklen Dom.

In jenen Steingewölben antiquierter Qual
erblüht die schwarze Rose gänzlich dornenlos;
die Schlange beißt den Apfel, welch ein Sündenfall,
und würgt das leidgeprüfte Pflänzlein virtuos.

~III~

Ich tauch' die Feder ein, in Unschuld meine Hand
und bringe euch zurück die alte Götterschar;
die Seelen jeden Lebens brauch' ich nur zum Pfand,
die Unanfechtbarkeit wird göttlich sein, fürwahr.

Das Geschenk
(Ein letztes Gedicht ohne Konvenienz)

Sie kiekste auf: „Oh ja, ein Geschenk!"
Die Freude war sichtlich ungelenk.
Das Wickelpapier war fort im Nu.
Darin lag ein Fuß, nur ganz ohne Schuh.

Frag' nicht nach Mord

Er stand in der Nacht. Allein und vernichtet.
Er hat es gemacht. Er hat sie gerichtet.

Die Hände voll Blut. Die Augen voll Regen.
Er sprach zu ihr gut. Er gab ihr den Segen.

Sie wollte den Tod. Sie war unvollständig.
Sie hatte gedroht. Sie war nicht lebendig.

Zerrissen, zerfetzt. Ermattet vom Dasein.
Sie war zu verletzt. Sie wollte nicht da sein.

Sie bat ihn um Rat. Er hörte die Worte.
Sie hatte es satt. Sie wollte zur Pforte.

Er hörte ihr zu. Sie gab sich bescheiden.
Groß war das Tabu. Viel größer ihr Leiden.

Die Frage war knapp. Die Antwort gefährlich.
Moral war weitab. Und Ethik entbehrlich.

So ließ sie ihn tun. Vertrauend, verschwiegen.
Sie lächelte nun. Mit letztem Vergnügen.

Sie lag in der Nacht. Am Ende der Schwere.
Das Nichts umgebracht. Begraben die Leere.

An der Reling

An der Reling bläst 'ne Brise,
steif, und starr steht die Luise,
ärgert arg sich übern Mann,
weil 'ne Frau nicht anders kann.

Fünfzig Jahr' bläst die Fregatte
ihm den Nerv schon weg, der Gatte
hat dadurch schon Bluthochdruck,
ist davon schon schlimm meschugg'.

Gott, sie bläst und brabbelt weiter,
und die Brise wirbelt heiter,
weht nicht nur das letzte Wort,
sie gleich mit und über Bord.

Ein Sommertagsmord

Schau', auf der lichten Sommerwiese,
da zaust das Haar die Sommerbrise
von Lieselotte Begenbiel.
Sie sitzt nur da und tut nicht viel,
bis aus dem Wald ein Jäger tritt.
Ihr Augenmerk folgt jedem Schritt.
Er zückt behände das Gewehr.
Auf dem Gelände fällt's nicht schwer,
ein Ziel zu treffen: „Kimm' und Korn!".
Ein Schuss gelöst, direkt von vorn
trifft Schrot den armen Jägersmann,
durchlöchert ihn wie einen Schwamm.
Das Blut spritzt weit, der Kerl fällt um.
Nun ist er hin, ja, schade drum!
Der Sommerwind verweht den Hall.
In Lieses Ohr hallt laut der Knall.
Sie steckt die Flinte untern Rock.
Sie schoss den „kapitalen Bock"!
Sie tat es wohl, weil sie es kann
und zieht sich keine Schuld nicht an.
Denn wo es keine Zeugen gibt,
ein Schatten sich vors Richten schiebt.
Und auf die dunkle Schattenwiese
senkt sich ein großer Wolkenriese,
umschließt die mörderische Liese,
auf dass sie nie mehr Blut vergieße!

Räuberpistole

Des Hauptmanns Geist erfüllt den Wald,
doch heute bleibt die Knarre kalt;
der Säbel rostet unterm Laub,
die Beutelust zerfällt zu Staub.

Es waren sieben an der Zahl,
sie räuberten die Häuser kahl;
sie schatzten brand und liefen heiß,
verkauften Maiden unter Preis.

Der Hauptmann dann verfiel dem Wahn,
er wäre König und Tyrann;
so nahm sein Dünkel überhand
und fuhr den Karren an die Wand.

Es kam noch schlimmer überdies,
weil er gar keinem überließ
des Zepters Macht, des Amts Gewalt;
so fiel er in den Hinterhalt.

Der Kopf fiel ab mit einem Schlag,
das war für ihn ein schwarzer Tag;
nun spukt der Hauptmann totenbleich
und holzt in einem andern Reich.

Der Zehner

Ich erinnere mich ganz genau,
es war Winter, grimmig grau in grau.
Nur eine halbe Stunde
hatten wir drei. Im Grunde
war's nicht genug für unsere Schau.

Abenteuerlust zu rasch verging
in Gefahr, so kalt. Kein' Pfifferling
gaben wir drei aufs Bangen.
Insgeheim alle rangen
um kaltes Blut für das große Ding.

Startschuss, los! Das Verbrechen begann.
Zeit, hart wie Eis, zu Wasser verrann.
Hast und Aufregung schmolzen
sacht. Wir drei harten Stolzen
wurden wachsweich, der Angst untertan.

Jedes Wort, so einzeln, wichtig, klein,
drang zum andern wie der Lichterschein
des Wagens, wartend, brummend.
Die Gesichter vermummend
schlichen wir stracks in die Bank hinein.

Zwar hatten wir drei Gelegenheit,
die Tür zu schließen, doch stand bereit
der Lohn lang geplanter Gier.
Wenn wir nicht, jetzt nicht und hier,
übernahm unser Schicksal die Zeit!

Wir harrten nicht, wir machten den Job,
sehr routiniert in Cinemascope.
Aber Leinwandgestalten
sind in flimmerndem Walten
ganz anders im Filmwerk-Biotop.

Wir waren echt, wir waren real.
Ein Scheitern heut' war uns nicht egal!
Wie Bogart waren wir cool,
gespornt zur großen Bambul'.
Wir waren scharf, durchaus radikal.

Der Motor auf vollen Touren lief.
Dreimal hupen hieß „Etwas läuft schief!".
Kabel, Dynamit, Zünder:
Vorsicht war meist gesünder!
Im Tresor war ein Loch, schwarz und tief.

Wohl hatte ich einen Traum, darin
schwamm ich im Geld. Der tiefere Sinn
von Reichtum ist ziemlich schal.
Und durch einen großen Knall
erwachte ich voll Adrenalin.

Der Widerhall brachte mich zurück.
Ich dachte zuerst, mir fehlt' ein Stück.
Der Schmerz war unerträglich,
die Folgen sehr erheblich.
Zu tun hatte dies nicht viel mit Glück.

In Schutt und Asche dachte ich noch,
in Schutt und Asche mein Leben kroch
wie eine alte Ratte.
Was ich letztlich noch hatte,
war sicher nur ein Gefängnisloch.

Der Richter brüllte nur: „Lebenslang!".
Ich lausche täglich dem Glockenklang,
der stündlich Frieden mir gibt,
auch wenn mein Traum ist gesiebt.
Na, besser als um den Hals ein Strang!

Die anderen sah ich niemals mehr.
Das Geld verbrannt, ohne Wiederkehr.
Hier bin ich an jedem Tag,
sinniere trist im Verschlag.
Das Essen ist gut, das Los ist schwer.

Ich erinnere mich ganz genau,
wie eisekalt es einst war. „Hey, schau',
ein Zehner rollt übern Hof!"
Ein Stück meiner Katastroph'?
Nein, da glänzt nur ein Fünfer im Tau.

Peng

*Der Illusionist wedelte mit
der linken Hand, wedelte
mit der rechten Hand und
versuchte in sehr erprobter
Manier das Publikum nicht
nur zu bezaubern, sondern
auch nach allen Regeln der
Kunst an der langen Nase
bravourös herumzuführen.*

*Doch ein Malheur kommt in
aller Regel selten allein: Erst
brach ihm der Zauberstab ab,
dann erstickte das Kaninchen
im wohlpräparierten Chapeau.
Zu schlechter Letzt verriet der
arme Mann einer allzu dreisten
Zuschauerrin aus Versehen den
einzigen Trick, den er wirklich
aus dem Effeff darbieten konnte.*

*Resigniert zog er aus dem Mantel
die kleine Plastikpistole, die stets
mit einer Plastikrose bestückt sein
sollte. Der Knall erschreckte alle
Leute, das Blut, das aus der Schläfe
des Bemitleidenswerten sprudelte
jedoch am allermeisten ihn selbst.*

Pack schlägt sich, Pack verträgt sich

Er haut ihr auf die Fresse.
Sie boxt ihm stumpf aufs Maul.
Mit weiblicher Finesse
macht sie das gar nicht faul.

Er tritt ihr gegens Schienbein
und piekst ihr ins Gesicht.
Sie hängt sich an sein Stränglein,
bis jede Glocke spricht.

Er drückt ihr auf die Hupe
und dreht den Sender ein.
Sie steckt ihm in die Pupe
den spitzen Absatz rein.

Er kneift ihr in die Seiten.
Sie keift und kneift zurück.
In prolligeren Zeiten,
da fehlt auch mal ein Stück.

Er schaut mit blauen Augen
und knutscht sie kurz und klein.
Zusammen tun sie taugen!
Wie schön muss Liebe sein?

Die Frau des Gärtners war's

Die Gattin, sie war eine Köchin so göttlich;
sie nahm aus dem Garten die Früchte, die zarten;
sie kochte mit Kräutern ein Mal, schier zum läutern,
doch manchmal bekam es den Leuten recht tödlich.

Sie brutzelte, briet, und sie garte mit Liebe
in ihrer Kombüse das feinste Gemüse
mit leckeren Giften, Erlösung zu stiften,
lukullisch im alten Familienbetriebe.

Und als sie so schaffte, schaut' sie in den Garten
und sah mit Erstaunen die Nachbarin raunen
zum eigenen Manne possierlich im Banne
der eh'lichen Lüge, als wenn sie sich paarten.

So schloss sie den Pakt mit den teuflischen Küchen;
ein züngelndes Feuer, des Trosts Ungeheuer,
darüber die Suppe und rasch eine Gruppe
von Fläschchen entleert mit gemeinen Gerüchen.

Sie rief ihrem Manne, dass Essenszeit wäre
und setzte besonnen den Sud, fast geronnen,
ihm vor, und er schlürfte, auch wenn er bedürfte
danach den Bestatter; er wurde zwar satter,
doch leider auch töter; ach, der Schwerenöter
bereute zu spät halt die dumme Affäre!

Jamura ist ein böser Mann

Jamura ist ein böser Mann!
Er zieht sich kleine Kinder an.
Er isst die Leber seiner Frau
und schlägt die Kühe zu Kakao.

Jamura ist ein schlimmer Wicht!
Er haut der Oma auf die Gicht.
Er hat ein Loch im Pausenraum,
da kann er zu den Weibern schau'n.

Jamura ist ein übler Herr!
Er schmeißt Atommüll in das Meer.
Er fasst den Jungens an den Schwanz
und macht aus Spaß den Eiertanz.

Jamura ist ein fieser Arsch!
Zu seinen Eltern ist er barsch.
Er taucht die Mutti in das Klo
und ***** den Vati in den **.

Jamura ist ein toter Fisch!
Der Lachssalat war gar nicht frisch.
Radieschen war er zugetan,
nun schaut er sie von unten an!

Aderlass

Der uralte König fühlte sich über alle
Maßen schwach und gebrechlich. Drum
befahl er seinem Leibarzt, der zugleich
sein Enkel war, ihn zur Ader zu lassen.

Der, fuchsschlau und hinterhältig wie eine
Hyäne, ergriff sogleich den müden Arm des
armen Regenten und stach ihm ein durchaus
beeindruckendes, gar fürstliches Loch hinein.

Zwar war der König niemals nicht ein wahrer
Sanguiniker gewesen, doch erbleichte er schon
ordentlich rege beim Anblick seines blaublütigen
Lebenssaftes, der sehr munter aus der Beuge floss.

Er schrie nur auf: „Oh, sanguis! Oh, sanguis!",
und er verstarb mit einem somnambulen, aber
rachelüsternen Grinsen auf den eingefallenen,
faltenumrahmten Familienlippen. Er fiel um.

Was der Enkel nicht wusste, ihm aber nachgerade
eine heiße Zornesröte auf die dralligen Wangen
hexen sollte, war dies: Im Falle eines erzwungenen
Todes, der in diesem traurigen Falle wohl außer
Frage stand, da ein Teil des Hofstaates die ungute
Szene umsäumt hatte und somit der Agonie mit
angehaltenem Atem beiwohnen musste, würde
das Reich der hiesigen Blutbank vererbt werden.

Das Schilfgefängnis

In stillen Stunden träume ich
vom Leben, und ich wunder mich,
wie alles so weit kam?
Ich spüre Schuld und Scham
und etwas, sehr absonderlich,
nicht nachweislich, bekümmerlich.

Erinnerung, sie gibt es nicht
für mich; sie ist so hell wie Licht,
wie Sonnenschein so rein.
Sie scheint nicht mein zu sein?
Denn holt und hält sie schlicht Verzicht
im Schatten toter Zuversicht.

Sie sagen mir, ich sei nicht gut!
Sie schimpfen mich als Teufelsbrut!
Ein Monstrum, rabiat!
Ein Mörder ohne Tat ...
... da die Vergangenheit beruht
auf nichts als Nichts und kalter Glut.

Weiß leider nicht mehr, wer ich bin?
Kenn' meinen Namen nicht. Der Sinn
von grauser Strafe geht;
der Urteilsspruch verweht.
Gefangen und doch frei: Darin
liegt weder Ende noch Beginn.

Nachrichten an Kühlschranktüren

Ich muss noch in den Supermarkt.
Brauchst du noch was zu schlickern?
Ich habe gestern falsch geparkt.
Gehst du mit Jack dann kickern?

Der Fernseher ist kaputt, mein Schatz.
Die Jane fliegt von der Schule.
Ich kipp' mir einen in den Latz.
Er starb, dein Freund, der schwule.

Am Wochenende möcht' ich raus.
Es wird wohl Regen geben?
Ich koch' dir heut' 'nen Gaumenschmaus.
Ich möcht' so nicht mehr leben.

Das Schwiegermonster kommt, auwei.
Der Smart ist in der Werkstatt.
Ich habe Angst. Stehst du mir bei?
Ich hab' das alles eh satt.

Ich bin beim Arzt. Hab' Magendarm.
Schaffst du allein den Haushalt?
Ich friere so. Ich sauf' mich warm.
Ich fühl' mich plötzlich uralt.

Ich liebe dich. Ich hasse dich.
Vergibst du mir noch einmal?
Vermisse dich ganz fürchterlich.
Dein Meeting war ein Reinfall?

Holst du mir die Tabletten dann?
Ich will mal wieder schlafen.
Ich werde gehen, irgendwann.
Ich will uns nicht bestrafen.

Ich habe 'nen Termin gemacht.
Kannst du mich dann begleiten?
Mir ist ganz übel jede Nacht.
Ich möchte nicht mehr streiten.

Mir ist so schlecht. Ich kann nicht mehr.
Ich kann nichts mehr verstehen.
Es fällt mir alles nur noch schwer.
Ich möchte nur noch gehen.

Ich ziehe heut' zu meiner Mom.
Dein Essen ist im Kühlschrank.
Du machst das Glück zum Melodram.
Dein Vater ist wohl herzkrank.

Ich bring' dich um. Ich mach' dich tot.
Denk' auch mal an die Kinder.
Ich häng' mich heute auf kommod.
Ich bete für die Sünder.

Die Mutter der Frau des Gärtners war's

Die Dornen im Garten des Manns ihrer Tochter,
sie pieksten und stachen; sie wollte vermachen
die fürstliche Habe den beiden zur Gabe
der Flamme der Liebe, doch schnitt ab den Docht er.

Am Anfang spazierten sie traulich im Scheine
der Sonne der Freundschaft, doch wurd' daraus Feindschaft;
der hügelnde Steinsteg erwies sich als Holzweg;
er hielt ihre Tochter zu hart an der Leine!

Sie litt wie ein Schlosshund, im Turme gefangen;
die Mutter verzweifelt den Gatten verteufelt';
der Gatte, ein Schlingel, er hört' das Geklingel
des rollenden Rubels, den er wollt' erlangen.

Das Schicksal als wütende, strafende Mutter
ist mehr als nur tödlich; das Blut floss tiefrötlich;
die Tochter, sie wusste nur, dass es sein musste;
so taten sie letztlich ans Fischlein die Butter.

Erstochen, erhängt und verbrannt hoch im Turme,
so schied er von hinnen, ganz zügig, und binnen
zwei schrecklicher Stunden verheilten die Wunden;
vergessen, vergeben, ein friedreiches Leben
lag vor den zwei beiden, ein Weg ohne Leiden;
und auf dem Kaminsims stand hübsch seine Urne.

Kolumbus' Ei

Ganz nüchtern gesehen,
ich werd's nie verstehen.
Das Leben ist frech und verrückt!

Gestohlen, beschissen,
die Chefin gebissen.
Die hat das nicht wirklich entzückt!

Den Nachbarn erschossen,
mit Treibstoff begossen.
Der Hundling, der war einfach dumm!

Die Katze erschlagen
und meine zwei Blagen.
Mein Goldstück, das bring' ich noch um!

Die Bank abgerissen,
aufs Grundrecht geschissen.
Die haben's nicht anders gewollt!

Die Ämter betrogen,
ganz weit weggezogen.
Tribut nicht und niemals gezollt!

Sie wollten mich kriegen,
doch ich wollte siegen.
Ich habe mich glorreich versteckt!

Doch neulich im Maien,
ich werd's nie verzeihen.
Was haben die nur ausgeheckt?

Dass die mich doch fanden
in ganz fernen Landen.
Mein Schlupfloch war einfach brillant!

Die taten und blufften,
zum Leid von uns Schuften.
Und fanden es noch amüsant!

Ich saß in den Nesseln,
sie mussten mich fesseln.
Und ab ging's ins nächste Revier!

Schnell schuldig gesprochen,
den Lump einzulochen.
Ich kriegte zwölf Jahre und vier!

Ich war nicht zu retten,
ein Leben in Ketten.
Am Schluss ist doch alles egal!

Die Welt liegt in Trümmern,
muss mich nie mehr kümmern.
Was rechtens ist oder legal!

Die Habe verloren,
zum Unhold erkoren.
Ich fürchte, ich hab' das verdient!

Doch hat's mich getroffen,
ich darf nicht mehr hoffen.
Ich habe wohl voll ausgedient?

Was soll ich nur machen,
nicht weinen, nicht lachen.
Bin kopflos, verdattert, verwirrt!

Das stete Versagen,
es lässt mich verzagen.
Doch hülft es nix, auch wenn man irrt!

Ich bleib' jetzt hier hocken,
ich werde frohlocken.
Denn irgendwann, dann bin ich frei!

Und bin ich erst draußen,
renn' ich mit Gebraußen.
Und klaue Kolumbus sein Ei!

Tote Fische

Tote Fische schwimmen nicht,
höchstens mit dem schnellen Strom.
So der Volksmund tönt und spricht
forsch, vielleicht auch ohne Hohn.

Frischer Quell entspringt und gluckst,
lebensfroh in frischer Gischt.
Wenn du in die Wellen spuckst,
triffst vielleicht du einen Fisch?

Wasserleichen schwimmen echt
ziemlich forsch den Strom hinab.
Hat ein Fisch, vielleicht ein Hecht,
sich gerächt im nassen Grab?

Das Verbrecher-Einmaleins

Teddy Tooth sitzt schon 11 Jahre
in der Zelle Nr. 9.
7 Frau'n hat auf die Bahre
er gebracht in seiner Scheun'.

7 Schlingen, 7 Weiber
hingen an dem Balken tot.
Früh um 5 fand ihre Leiber
seine Mom in größter Not.

Noch 3 Jahre wird er sitzen,
mindestens, wenn nicht noch mehr,
schlimm im Fegefeuer schwitzen.
Seine Mom tut sich so schwer.

So verspricht sie spät am Tage
ihrem Goldstück Nr. 1,
passend ihrem Menschenschlage,
einen Mutterdienst, so scheint's.

Eilig bäckt sie eine Torte
mit 'nem Herz aus Hochgenuss.
Leider beißt er ohne Worte
auf die Feile, so der Schluss.

Moral liegt tief im Zuckerguss:
"Was lieb gemeint, macht oft Verdruss!"

Die Teegesellschaft

„*Oh, Lucinda, möchtest du ...?*"

„*Lieber nicht. Wo ist den Stu?*"

„*Nimm doch noch von dem Gebäck.*"

„*Wo hat Stu sich nur versteckt?*"

„*Maggy, sag', wie geht es George?*
Wirkte neulich schon recht morsch.*"

„*Adelaine, da hast du recht,*
gestern ging es ihm noch schlecht."

„*Ja, das kenn' ich nur zu gut,*
Theodor spuckt auch schon Blut."

„*... hab' ich just nicht Stu gehört?*"

„*Ach, mein Kind, du wirkst verstört?*"

„*Wisst ihr schon den neusten Tratsch?*
James und Millie haben Knatsch."

„*Nicht nur das, sie trennten sich!*"

„*Ist nicht wahr? Erzähl' und sprich!*"

„*In flagranti hat erwischt*
er die beiden, mörderisch!
Seine Pferde gingen durch,
schnitt die Kehle durch, dem Lurch!"

„*Oh, mein Gott, das ist bizarr!*"

„*Dieser dumme, alte Narr.*"

„*... und der Clou ist, glaubt es nur:*
Von ihm fehlt nun jede Spur!"

„*Welch ein Drama, ohne Schmu!*
So, ich schau' jetzt mal nach Stu."

„Tu das, Liebes, ich kredenz'
uns ein Schlückchen Exzellent's."

        „Das ist klug. Es ist gleich neun ...
        ... hört' ich nicht grad 'Cinda schrei'n?"

„Das ist nur der erste Schock ...
... horch, jetzt schlägt es nine o'clock."

        „Wem die letzte Stunde schlägt,
        hat man vorher abgewägt."

    „Stu, mein armer Mann ist tot!"

„Dann ist alles ja im Lot.
Setz dich hin, nimm einen Schluck."

    „Eben hat er noch gezuckt ...!"

        „Ja, ich weiß, denn schön ist sie
        wirklich nicht, die Agonie."

„Bist ihn los, sei froh, herrje,
freche, schlaue Salome."

        „Wisch' die Tränen fort, mein Kind,
        Erben wir bald alle sind."

„Dank des Gifts sind wir bald frei."

    „Sappalot, 's ist Hexerei!"

        „Fehlt nur noch der Leichenschmaus,
        dann geht's los in Saus und Braus."

    „Recht habt ihr, zum Teufel, ja!
Ha haha, ha haha ha!"

Der Stockrosenstrauch

Liebes, ich vermiss' dein wüstes Lachen,
schallend aus der guten, alten Zeit;
die Erinnerung verschleiert gütlich all die Sachen
böser und erbarmungsloser Zweisamkeit.

Böse gieß' ich deine Lieblingsrose,
die du hegtest, mehr als unser Glück,
und das dürre Band der Liebe wurde lasch und lose,
zerriss und schleuderte mich rasch und weit zurück.

Zurück im Leben nahm ich deins dir fort,
was ich brauchte, war dein Untergang;
begraben hab' ich dich an deinem Lieblingsort;
das Plätschern munt'ren Lebens ist mein Grabgesang.

Vom Leben gefickt

Er trieb sich herum in düst'ren Spelunken.
Man fand ihn nachts in 'ner Pfütze ertrunken.
Sie schaffte an, und ihr Busen war billig.
Sie trieb in den Fluten ganz unfreiwillig.
Der Bursche kaufte, verkaufte und rauchte.
Ein „John Doe" als er sein Leben aushauchte.
Der Spieler verlor sein Geld in den Gossen.
Danach die Frau, auf der Straße erschossen.
Den Schwanz durch das Loch, die Würde verschlissen.
Im Drogenrausch in die Hosen geschissen.
Die Frau, sie war grün und blau in der Ehe.
Sein Grab war verziert mit 'ner Orchidee.
Die Gang erschrak, als ihr Boss sich erhängte.
Er merkte nicht, dass der Hass ihn verrenkte.
Die Kinder versteckt im stinkenden Keller.
Für Essen verjuxte sie keinen Heller.
Den linken Arm durch 'ne Bombe verloren.
Den Schädel im Knast ziemlich kurz geschoren.
Als „Maneater" war sie groß in der Presse.
Es war wohl mehr Schuld als Delikatesse.
Vom Broker zum Bettler ganz auf die Schnelle.
Der Sturz tat echt weh in die Loser-Hölle.
Die Schwuchtel kastriert vom eigenen Bruder.
Die linke Schwester war wirklich das Luder.
Vom Leben gefickt, vom Vater verdroschen.
Sein Leben war wert circa keinen Groschen.

Tot ist tot

Tot ist tot,
da beißt die Maus
lieber nicht den Faden ab!

Ganz devot
nehm' ich Reißaus,
weil ich was zu fürchten hab'!

Wer nicht wagt,
der nicht verreckt:
Das ist meine Theorie!

Unbehagt
man sich versteckt.
Alibierte Garantie!

Aus dem Loch
kriech' ich nicht raus.
Bin doch nicht ein Dummerjan!

Wenn er doch
kommt, ei der Daus!
Sag' ich nur: „Wer kann, der kann!"

Die Ballade von der späten Einsicht

Im Januar des Jahres 1907,
am sechsten war es ganz genau,
die Welt war ziemlich trist und rau,
da hat der Teufel grausigschlau
ein übles, doch gerechtes Spiel getrieben!

St. Edelweiß lag still auf einer Lichtung.
Ein Mann dort klagte über Schmerz,
es war der Kopf und nicht das Herz,
er schimpfte stet und machte Terz.
Dann ging sein Weg nur noch in eine Richtung!

Die Gattin gaffte auf die tote Leiche
und traute ihren Augen kaum,
ihr Plärren füllte laut den Raum.
Sie wähnte sich in einem Traum,
doch lag er da wie die gefällte Eiche!

Die Nachbarn eilten schnell herbei, zu schauen,
was wohl der Grund fürs Zetern war.
So kam die ganze Bürgerschar
und starrte staunend, stumm und starr
auf das Geschehene mit großem Grauen!

Die Frau fand plötzlich ihre Fassung wieder.
Sie stöhnte leis' und hauchte dann:
„Es ist ein Fluch, ein böser Bann
vom Nachbarsdorf St. Enzian.
Lasst Rache walten, schlagen wir es nieder!"

Zu Schlitzen engten sich der Leute Augen.
Die alte Fehde frisch entfacht,
sie hatten sich dereinst verkracht,
ergriffen sie in dieser Nacht
die Wehr. Sie sollte nur zu einem taugen!

Mit Niedertracht und großen, scharfen Waffen,
die blitzten hell im Mondenschein,
durchquerten sie das Tor aus Stein.
Die anderen, im Seligsein
des Schlafes hörten nicht die lausen Laffen!

Sie stiegen in die Häuser durch die Fenster
und mordeten in garst'ger Gier
die Schlafenden, mal dort, mal hier,
ja, insgesamt da war'n es vier,
und schwanden flugs von hinnen wie Gespenster!

Am nächsten Morgen hörten sie das Trauern,
das mörderisch zu ihnen drang,
und etwas anderes noch schwang
mit diesen Lauten übern Hang:
als würden sie schon jetzt den Feind bedauern!

Der Abend kam, die Nacht, sie brachte Tote.
Die Wächter wurden überrollt.
Die Tat mit Leid und Blut gezollt.
Kein Einz'ger war da unbescholt'.
Der Wind schwieg still als gramer Unglücksbote!

Ein schlichter Mensch ist letztlich erst zufrieden,
wenn alles, was er nicht versteht,
im Keim erstickt und untergeht.
Meist kommt die Einsicht viel zu spät,
dass man vom Gegner gar nicht war verschieden!

So schlugen sie in endloslangen Wochen
beflissen sich die Schädel ein.
Sie schworen alle Stein und Bein
mit ihrem Tun im Recht zu sein,
bis sie auf allen Vieren nur noch krochen!

Sie wurden müde, und so wurd' geschlossen
ein sinnesvoller Friedenspakt.
Verhandlungen war'n schon vertrackt.
Doch über diesen zähen Akt,
da wurden sie nicht Freunde, doch Genossen!

Am Ende lagen sie sich doch am Herzen,
zumindest in der nächsten Zeit,
in argwöhnischer Einigkeit.
Und auch ein Wunder gab's derzeit:
Gar niemand hatte mehr im Kopfe Schmerzen!

Die Gefährlichkeit des Lesens
(Doch noch ein Gedicht ohne Konvenienz)

Mit dem zweiten Auge liest man besser,
denn im ersten steckt ein scharfes Messer.

Gepresste Meinungen

In der Zeitung steht geschrieben:
„Sieben Tote und ein Hund!"
Wo ist nur der Mensch geblieben?
Ist die Erde wirklich rund?

Seite eins in großen Lettern,
da steht meist die Sauerei!
Will man tunlichst weiterblättern,
sucht man nur Kolumbus' Ei.

Zeilen schlagen, gutgelogen,
stechen in die Wunden rein.
Warum heißt es „Regenbogen"?
Rabenschwarz muss es doch sein!

Frohsinn nennen die Kolumnen
frech und frei die Eitelkeit.
Will man dann komplett verdummnen,
schwört man online einen Eid.

Hach, die Welt der Pressefreien
ist so sicher und so groß.
Würd' man all dem benedeien,
läg's im Magen wie ein Kloß!

Und es war doch der Gärtner

Er stand vor dem Tore aus gelben Narzissen,
in halbnacktem Schweiße; hier war er der Heiße;
die Sonne verblasste; sein Schönsein erfasste
die gaffenden Damen, die um ihn sich rissen.

Die prallen Konturen in hautenger Hose,
sie waren der Blickfang; sein brustiger Umfang
ließ jeden erbleichen und Steine erweichen,
die lang' nicht so hart war'n wie Popo in Pose.

Er ging auf dem Catwalk durch bunte Rabatten;
der Gärtner des Schönen, er ließ sich verwöhnen
von lüsternen Blicken; er wollte nicht ficken,
nicht poppen, nicht pimpern, schon gar nicht begatten.

Er wollte nur zeigen und schwelgen in Achtung;
als Kind war er dicklich, die Leute nicht schicklich;
sie gafften und lachten ihn aus; sie entfachten
in ihm nur den Wunsch nach des Ekels Entmachtung.

Drum pimpte der Gärtner in endlosen Jahren
den Arsch in die Buxen; die Muskeln, sie wuchsen
zum Leidwesen derer, der doofen Belehrer,
die damals fies motzten und heute nur glotzten;
es bracht' seine Anmut die Herzen voll Hochmut
zum stehen; so mochten zur Hölle sie fahren!

Waldeinsamkeit

Das Laub erleuchtet im herbstlichen Reigen,
es duftet sehr fern schon nach Schnee und Eis.
Die schwache Sonne möcht' heiter sich zeigen
auf Mutter Naturs bestimmtes Geheiß.

Die Vogelstimmen erfüllen den Süden,
das Zwitschern erhellt die Erinnerung.
Auch wenn die Seelen allmählich ermüden,
so macht doch das Herz einen Himmelssprung.

Die Bäume tuscheln in wispernden Schatten,
erzählen vielleicht eine dunkle Mähr?
Sie werden heimlich die Worte bestatten,
beflissen und sicherlich tränenschwer.

Die starren Kadaver, kalt in der Erde,
bezogen mit Raureif und sprödem Frost,
sie frieren und greinen, dass Frühling werde,
mit tonlosem Groll, verstört und erbost.

Doch wenn die Sonne mit bebenden Strahlen
die Welt im Lenzen benetzt und durchdringt,
erwachsen zu waldgroßen Kathedralen
die einsamen Worte, göttlich verdingt.

Der Adel im Heuhaufen

Ein dünner Finger ragt heraus,
dünn, da das letzte Fleisch wohl
schon vor langer Zeit von einem
streunenden Tier abgenagt wurde.

Auf dem Lande passiert eher selten
solch ein abscheuliches Verbrechen,
aber wenn eines passiert, dann auch
ohne halbe Sachen, davon kann man
tunlichst in diesem Bezirk ausgehen.

Ein Ring, diamantenbesetzt, strahlt
wie ein Feuer in der Nacht den zwei
diensthabenden Kommissaren in die
skeptischen und verschlafenen Augen,
denn Lord Gloghtonny's Verschwinden
ist hier und heut' nun endlich enträtselt!

Und da die beiden Männer in Schwarz
so ein Ding ja überhaupt nicht mögen,
beschließen sie mit einem Kopfnicken,
der Arbeit flugs aus dem Weg zu gehen.

Der freundliche Hoferbe hilft ihnen dabei,
indem er eine Wagenladung Stroh auf den
bereits zersetzten Herrn schüttet. Recht so!

Die eine Seite des Todes

Man ist ja wirklich nichts gewohnt,
man weiß, dass gar nichts mehr sich lohnt.
Auch wenn man sich verlässlich schont,
ist man komplett verlassen.
Man kann es wohl nicht lassen?

Der Überdruss nimmt Überhand,
die Zeit rinnt durch die Hand wie Sand.
Kopfunter sieht man gar kein Land,
hat man auch einen Schnorchel,
steckt in dem Schlauch 'ne Morchel!

Man pustet, prustet, ringt um Luft.
Wie nah ist schon die kühle Gruft?
Wenn dann der Lebensgeist verpufft,
sieht man sein Leben wandern
von einem Schuft zum andern.

Und wenn man wirklich nicht mehr kann,
dann endet halt die Lebensbahn.
Man zieht ein weißes Hemdchen an
und sucht bemüht die Taschen:
Der Tod bringt Überraschen!

Gefahr im Verzug

Ach, wär' ich doch entscheidungsfroh, mein Schatz,
dann brächt' ich auch zu Ende diesen Mist.
Ich les' die Zukunft aus dem Kaffeesatz,
doch hab' ich stets die Deutlichkeit vermisst.

Ich sitz' in meinem Schneckenschleim, vereint
mit meinem Selbst, das mich sanft eingelullt.
Ich warte viel zu lange, und es scheint,
ich bin wohl wieder selber daran schuld.

Gefährlich lästig ist das Zögern wohl.
Da unten hör' ich schon das Martinshorn.
Wenn ich jetzt fortlauf' und sie überhol',
verlier' ich nicht, doch hab' ich schon verlor'n.

Was soll ich tun? Wo soll ich denn nur hin?
Ich lösch' das Licht, doch ahne ich bereits:
Wenn ich im Dunkeln ganz alleine bin,
vergeht die Zeit noch schneller, ihrerseits.

Sie kommen jetzt, sie sind schon an der Tür,
und du liegst da und hilfst mir nicht, mein Schatz!
Du bist halt tot. Du kannst ja nichts dafür.
Und trotzdem ist das Zaudern für die Katz'!

Samenraub

Sie hat doch nur ein Auge
und will doch nur ein Kind.
Dass sie nicht dafür tauge,
behaupten sie geschwind.
Wie schlecht doch Männer sind!

So schaut sie in die Zeitung
und findet ziemlich schlau
allein und ohne Leitung
ein Inserat für lau.
Drum schreibt sie dieser Frau!

Sie hat die gleichen Sorgen,
gemeinsam sind sie stark.
Sie wollen sich nur borgen
ein bisschen Männerquark.
So bleiben sie autark!

Sie ziehen in den Garten
der Stadt, es ist schon Nacht.
Nach stundenlangem Warten
ist ihre Tat vollbracht.
Oh, schöne Niedertracht!

Sie klauten einem Recken
den Samen aus dem Schlauch,
um ihn sich reinzustecken.
Und täglich wächst der Bauch.
Der Mann liegt noch im Strauch!

Die andere Seite des Todes

Verfügt man über ganz viel Mut,
wird man des Öftern ausgebuht.
Man schlägt zurück, ganz resolut,
und bricht sich bös' den Kiefer.
Das Leben hängt noch schiefer!

Der Ärger prickelt auf der Haut,
die sieben Haare sind ergraut.
Die Nerven schwimmen kleingekaut,
bekackt in der Toilette
und müffeln, jede Wette!

Am Ende ist das Schullatein.
Doch zählt der Wille nicht allein?
Man legt ihn auf den Opferstein,
und ab haut man die Rübe.
Die Sicht wird sichtlich trübe.

Der Tag vergeht, der Mut sinkt tief,
man überlegt: „Was lief denn schief?".
Man pupst noch einmal primitiv
und legt sich auf die Bare.
Ist das denn wohl das Wahre?

Ode an den Rufmord
(Laut, kurz und tot)

Ich schreie laut.
Ich schrei' dich an.
War nicht vertraut,
dass ich das kann.

Du schreist zurück.
Ich bück' mich tief.
Ein kleines Stück
trifft offensiv.

Ich schrei' noch mal.
Ich schrei' dich tot.
Ein ferner Hall
beschließt die Od'.

Töten verboten

Mit völlig verblüffter Miene
stand er einfach nur da,
staunte einen ganzen
Gefängnistrakt aus
bunten Bauklötzen
zusammen und
begann gleich
darauf zu
fauchen:

„Da scheiß'
doch einer die
Wand an!"

Er hatte leider
nicht das riesige
Warnschild gesehen,
das in prächtigen Lettern
seinen Untergang besiegelte.

In der Hand hielt er noch zitternd
das besudelte Schlachtermesser, mit dem
er die dämliche Schlampe abgemurkst hatte.

Von Mensch zu Mensch

Vom Scheitel bis zum Spann, woran
erkennt man oft die Bösen?
Kann man sich wirklich irgendwann
von Vorurteilen lösen?

Von einem Ohr zum andern hin
spannt sich ein Fragezeichen:
Beim Einen sind nur Herzchen drin,
beim andern alte Leichen.

Vom spitzen Kinn zum Nasenloch,
dazwischen wohnen Worte.
Die sind zwar manchmal richtig, doch
von zweifelhafter Sorte.

Und aus der Fuge unterm Steiß,
da dringen manchmal Lüfte.
Dann darf man denken: „So ein Scheiß!
Die stinken wie Gerüchte."

Von Reim zu Reim Erkenntnis droht.
Will man das wirklich wissen?
Man sitzt doch meist im selben Boot
und heult ins gleiche Kissen.

info@nuschni.de
www.nuschni.de

Tintenmord. Betonfuß-Serenade. Der Serienmörder. Luft und Schloss. Die Lady im Rinnstein. Reim' dich und stirb. Forensisches Techtelmechtel. Streben, stieben, sterben. Ich bin dem Teufel tausend Seelen schuldig. Voodoo. Hammer Horror. Der Kettenraucher. Im Zoo der Eitelkeiten. Der Nationalheld. Punkt, Punkt, Komma, Strich. Gestorben wird immer. Fang' den Panther mit 'ner Mausefalle. Die Moritat vom Grauskopf. Punkt, Punkt, „Koma", Strich. Die See gibt nichts zurück. Pelle's Liste. Die Opferrolle. Der tote Raum. Gummizelle, Trakt No. 1. Norman's Nachtgebet. Kollateralschaden. Bruders Atem. Gummizelle, Trakt No. 2. Hinter den sieben Bergen. Aubade, Lied der Hoffnung. Der angeschmierte Prinz. Jacqueline the Ripperin. Wasserzeichen. Smooth Criminal Cha-Cha-Cha. Das falsche Ende des Regenbogens. Blinde Ohren, stumme Augen. Erlkönig 2012 (Murder Mix, Part I). Das Familiengeheimnis. Bekenntnisse eines Grabsteins. Die Schurkenglocke. Dartmoor Blues. Erlkönig 2012 (Murder Mix, Part II). Zehn kleine Schatzpiraten. Der Gärtner war's. Verkehrte Welt. Mit Blut geschrieben. Das Geschenk. Frag' nicht nach Mord. An der Reling. Ein Sommertagsmord. Räuberpistole. Der Zehner. Peng. Pack schlägt sich, Pack verträgt sich. Die Frau des Gärtners war's. Jamura ist ein böser Mann. Aderlass. Das Schilfgefängnis. Nachrichten an Kühlschranktüren. Die Mutter der Frau des Gärtners war's. Kolumbus' Ei. Tote Fische. Das Verbrecher-Einmaleins. Die Teegesellschaft. Der Stockrosenstrauch. Vom Leben gefickt. Tot ist tot. Die Ballade von der späten Einsicht. Die Gefährlichkeit des Lesens. Gepresste Meinungen. Und es war doch der Gärtner. Waldeinsamkeit. Der Adel im Heuhaufen. Die eine Seite des Todes. Gefahr im Verzug. Samenraub. Die andere Seite des Todes. Ode an den Rufmord. Töten verboten. Von Mensch zu Mensch. (???)

Das geheime Gedicht der Gerüchte
(Hidden Track)

Hinter Fensterscheiben, schmutzig und verschliert,
hockt ein altes Wesen, das begierig giert;
es gebiert in Nächten dunkle Welten,
führt Gesetze, die im Finstern gelten.

Durch die engen Gassen fauler Atem dringt
und die Schwaden leisen Giftes mit sich bringt;
gute Worte tragen böses Sinnen,
Einigkeit wird aufgezehrt von innen.

Über hohen Höhen zieht das Chaos auf,
lässt beschaulich allen Dingen freien Lauf,
drängt behutsam die, die süchtig suchen,
straft besonnen die, die es verfluchen.

In den Ecken blüht die falsche Eitelkeit,
schlingt mit starken Wurzeln die Tatsächlichkeit;
furchtbar fruchtbar wächst es, das Mirakel
wie seit jeher jeder Menschenmakel.

Auf dem letzten Stück des Endes hockt es da,
ganz archaisch, schmutzig, lüstern, starr und klar,
nennt sich selbst die einzige Legende,
speit den Trug und reibt sich fein die Hände.